ひとを結ぶ

宮里幸雄
Miyazato Yukio

国際理解・多文化共生イラスト集

解放出版社

ひとを結ぶ──国際理解・多文化共生イラスト集　目次

国際理解・多文化共生 …………………………… 5

韓国・朝鮮 …………………………… 17

中国 …………………………… 39

ベトナムほか …………………………… 51

アイヌ …………………………… 59

オキナワ …………………………… 67

創作「太郎(タラー)とキジムナー」…………………………… 81
　　さく・いしがみまこと　え・みやざとゆきお

付録①　アイヌ文様の作り方・彫刻(うろこ彫り)の作り方　95

付録②　かんから三線(さんしん)を作ろう　97

あとがき　103

装幀…………………森本良成
本文レイアウト…伊原秀夫

国際理解・多文化共生

国際理解・多文化共生の取り組みは、私の37年間の教師生活のなかで出あった大切なものでした。新任のときは在日韓国・朝鮮人教育といわれていたものが、情勢の変化とともに在日外国人教育と呼ばれるようになりました。そして実践の広がりの成果からか、いつしか国際理解教育とか多文化共生教育と呼ばれるようになりました。

　国際理解・多文化共生教育のテーマのもとでいろいろな学校や地域でさまざまな取り組みが広範になされるようになり、これらの取り組みは以前に比べると、当たり前のものになってきました。そして取り組みの内容も子どもへの語りかけや歴史学習だけではなく、それぞれの国の音楽や遊び、料理やファッションなど文化に親しむようなものにも目が向けられ、多様なものになってきているようです。

　国際理解・多文化共生教育の原点は、外国や外国にルーツをもつ子どもたちの思いにふれ、それらの子どもたちが自信をもって生きていく力を育てることです。そして子どもたちが自らのアイデンティティーを大切にできるような環境を日本人の子どもたちと一緒につくっていくことだと思います。このことを忘れないようにしながら国際理解・多文化共生教育の取り組みが広がっていってほしいと思っています。

インド

中国

オキナワ(日本)

ベトナム

メキシコ

タイ

韓国・朝鮮

インドネシア

スリランカ

アイヌ（日本）

モンゴル

イヌイット

韓国・朝鮮

ある中学校で、一人の在日韓国人の生徒を担任していたときの話です。家庭訪問でその生徒の本名についての話をしたり、市内の取り組みである、夏休みの民族の集まりについて案内をしたことがありました。保護者からの言葉は、
「日本人の先生に何ができるんや⁉」
「うちの子どもの教育は自分でやるからほっといてくれ！」
　という内容で、それはほとんど叱責に近いものだったと思います。
　まだまだ経験も浅く、実践もあまりできていない私でしたが、自分なりに考えをできるだけ冷静に、けれども少しだけ熱っぽく話してみました。残念ながら保護者の考えに変化はありませんでした。そして帰りがけ、その保護者は私に向かってこう言いました。
「先生、今度うちのキムチ食べにおいで」
　緊張した時間を過ごしたあとだっただけに、その保護者の言葉のうれしかったこと、うれしかったこと。外国人の子どもの思いにふれるということは、その子の親の人生や思いにもふれることなんだなあとつくづく思い、その日の体験をこれからの取り組みの教訓にしようと自分自身に言い聞かせました。

チャンゴ演奏

タルチュム（仮面の舞）

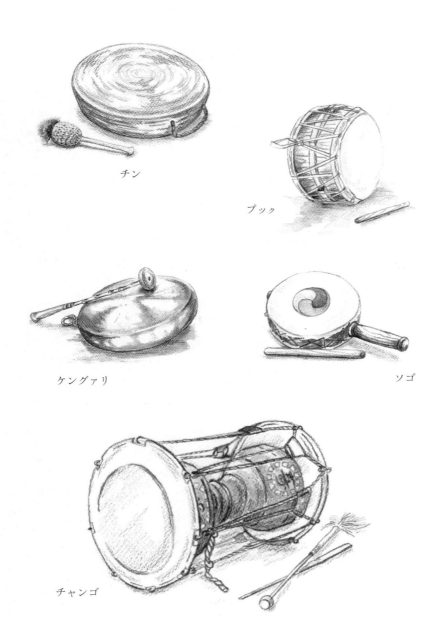

ノルティギほか

ヘテ

タル（お面）

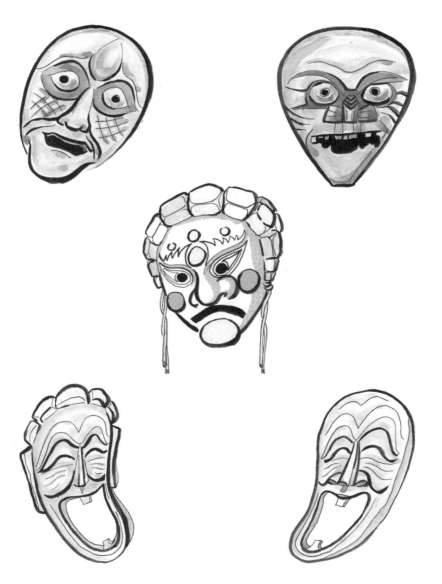

タル（お面）

ノンア（プンムル）

チャンゴ演奏

ホランイとチャンゴ演奏

タルチュム(仮面の舞)

ノンア(プンムル)

ホランイとチャンゴ

トゥルハルバン

ノンア（プンムル）

ムクゲの花

プックとチン

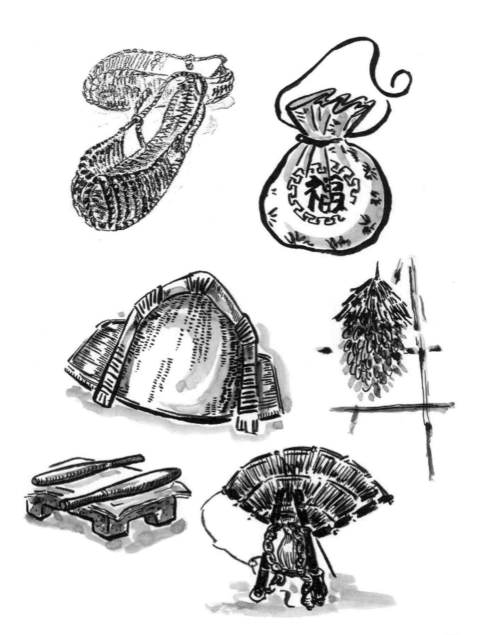

タル（お面）

チャンスン

中国

1993年、NHK大河ドラマ「琉球の風」が放映されました。このドラマは中国と長い間、交遊を深めてきた琉球王国が、1609年に薩摩に侵略されて大和の属国とされるが、独自の歴史と文化に誇りをもち続けた琉球の人びととの姿を描いたものでした。
　私が自分自身のルーツである沖縄について考えるとき、沖縄と中国のつながりや共通点に興味を覚えます。例えば沖縄料理の名前でよく聞く「チャンプルー」という言葉。これは中国の福建語の言葉で「混ぜる」を意味する「糁混（さんふぉん）」と同一語源の可能性があるそうです。
　また沖縄民謡でおなじみの三線（さんしん）。三線はたいこの部分にニシキヘビの皮を張りますが、日本（本土）の三味線はニシキヘビの皮を張りません。しかし中国の二胡（にこ）にはニシキヘビの皮らしきものが張られています。三線はニシキヘビの皮を使っているところなど、むしろ中国の二胡に似ていて、沖縄と中国の深いつながりを感じさせます。

龍

京劇面

京劇面

故宮の彫刻

故宮の彫刻

獅子

劍舞

龍

劍舞

人形

踊り

龍

凧

ベトナムほか

ベトナムには大阪府在日外国人教育研究協議会の研修ツアーで初めて行きました。ベトナム戦争の戦跡を訪ねて学習したり話を聴いたりしました。そして沖縄の嘉手納基地から爆弾を積んだ戦闘機がベトナムに飛んでいったことなどにも思いを馳せました。

　ベトナムへの観光で多いのは中国人、アメリカ人や日本人だそうです。そういえばベトナムの道路には所せましとばかりに日本製のバイクが走っていました。

　また、私たちが行くところ行くところに小学校低学年くらいの男の子、女の子がいて素朴なお土産を買ってくれと流暢な日本語で訴えてきます。不思議なことに同じ子がここにも次の場所にもいるので、いつの間に移動したのだろうかと不思議な感じでした。私は、その子たちと日本語で会話することが次第に楽しくなりました。ある一人の子にちょっとしたことを尋ねると、その子は上手な日本語で親切に教えてくれます。そしてそのあとには必ず手のひらを出して「ワン・ダラー」とチップを求めてきました。

　いつの間にかその子のおばあちゃんがコーヒー豆を売っているベンタイン市場というところに案内され、コーヒー豆を買うはめになりました。その子は自分が知っている、日本のうた「さくら」を歌ってほしいというので私は歌ってみました。歌い終わっても、うれしそうに手をたたいているその子に私は「ワン・ダラー」と言って手のひらを出しました。その子は一本やられたというような顔をしながら笑っていました。

水上マーケット

水上劇場の人形

お面

モーコック(木製楽器)

水上劇場の人形

お面

アイヌ

15年ほど前に友人に誘われて「二風谷ワーキングツアー」に参加しました。これは森の豊かな恵みを受けて生活してきたアイヌ民族の精神を大切にし、森の再生をめざすという趣旨のワークショップでした。ツアー後、参加者がまとめた文集に私は数点のイラストを載せ、それに私のつれあいが次のコメントをつけました。
・アイヌの模様はシンメトリーが基本。「水の流れ」「生き物の目や角」など生活のなかのものが抽象化されて洗練された模様になった。
・チコロナイの森を下り、湧き水のところでエスコート役のKさんがやおら、やまぶきを一本折って「ふきの酌」のできあがり。ふきの香りの天然水がおいしかった。
・アイヌマキリ（アイヌの小刀）を使いこなすのは男たちのたしなみだったとか。フクロウやコロポックルやら個性的な彫刻は見ているだけでも楽しかった。
・狩りに出る男が巻く鉢巻き「マタンプシ」はもともとアイヌの女性が好きな男の人に贈ったものだとか。沖縄にも同じようなものでティサージがある。
・昔からの台所用品「メノコイタ」は、まな板と食器の合体型。周りの模様は単なる模様ではなく、体に災いを起こさないようにという願いを込めた邪気払いの模様。
・ピーヤ　ピーヤ　ピヤチャッチャ！「アンナホウレ・チャピヤク」は、踊ってみるとけっこうハードな踊りで、つばめになった気分になった。
・子熊の檻とおしゃぶり。最近、乳幼児に木のおもちゃが見直されているそうだが、「木の文化」は生まれたときから肌になじんで人は育つのだろう。子熊の小屋の中にもちゃんと熊用のおしゃぶりがおいてあった。

エカシ

エカシとメノコ

ヘペレッセ(熊の檻)とプー(食料庫)

アイヌ文様

アイヌ文様

チセ

アイヌ模様の着物

コロポックル

フクロウ

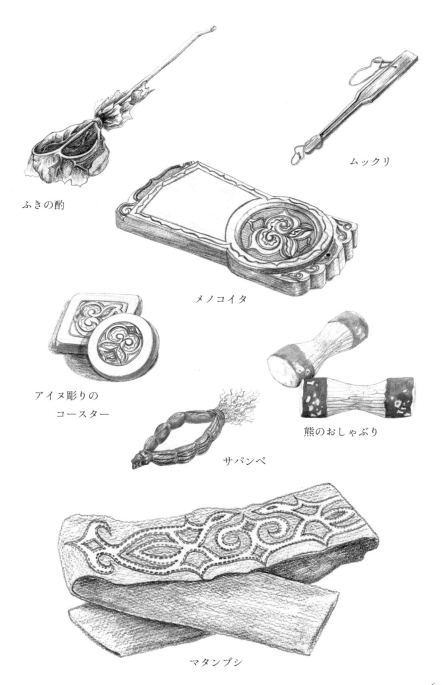

アンナホウレ・チャピヤク

オキナワ

戦争末期に沖縄から日本（本土）に移ってきた私の両親はどのような体験をしてきたのだろうか。あまり詳しい話を聞かされないまま、長寿県出身なのに二人とも比較的早く逝ってしまいました。
　私が沖縄の三線（さんしん）を習い始めたのは、沖縄を離れて生活してきた親に聞かせたいという動機からでした。すでに25年にもなるのに、その腕は、相変わらず上達しません。私より8年もあとに習い始めたつれあいはどんどんうまくなっているというのに。
　三線を習い始めて間もない頃、母親のそばでしらじらしく、三線を弾き歌ってみました。たしか「西武門節（にしんじょうぶし）」という曲でした。「なんかうれしそうに聴いてるな」と自己満足している私に「フルガンチョウとは古くなったメガネのことや」「そこはこんなふうに歌うんとちがうかな？」と控えめなアドバイスをしてくれました。
　国際理解・多文化共生教育の取り組みは、私にとってどこか自分自身のルーツについて考え、アイデンティティーにこだわる機会でもありました。日本と韓国・朝鮮の歴史や関係について学習したり話したりすることはできても、自分自身と沖縄についての話をすることはむずかしくて大きなプレッシャーでもありました。
　2014年度は私にとって最後の生徒を卒業させる一年間でした。その学年の取り組みで、卒業前に教師の想いを語る会をもちました。そこで私は初めて沖縄出身の親のことや自分の想いをしゃべることになりました。沖縄民謡を2曲入れながら話した私は、いつになく緊張してしまいました。それでも定年退職を一カ月後に控えて、自分の想いを語る場を与えてくれた学年の先生、一生懸命に聴いてくれた生徒たちには感謝の気持ちでいっぱいでした。

亀甲墓(かめこうばか)

アンガマー

琉球舞踊

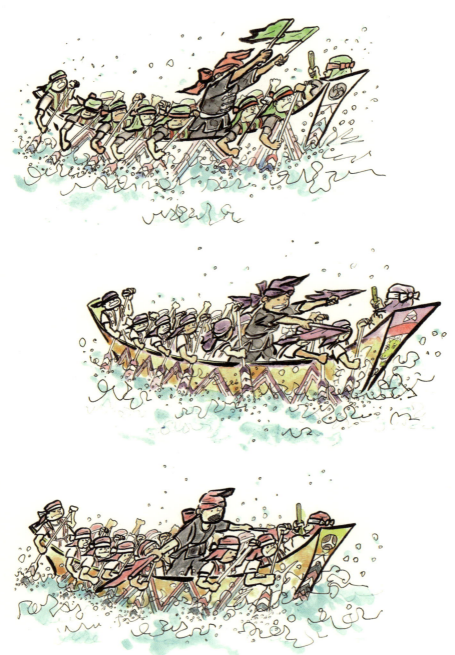

糸満　ハーリー

エイサー

エイサー

シーサー

シーサー

琉球民謡

エイサー

抱瓶(ダチビン)

ゴーヤ(にがうり)

京太郎(チョンダラー)

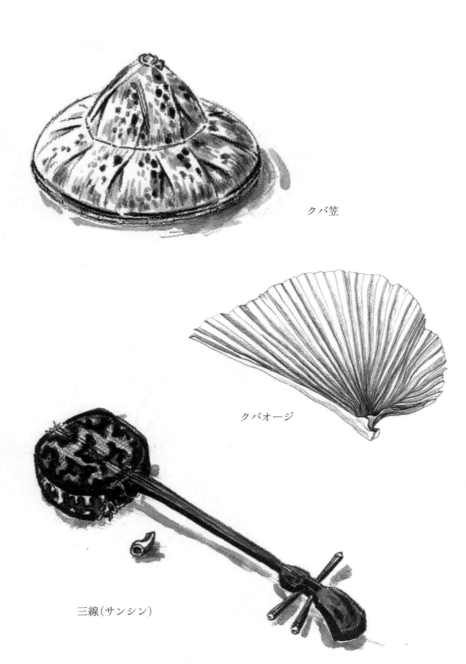

クバ笠

クバオージ

三線(サンシン)

太郎(タラー)とキジムナー

さく・いしがみ まこと
え・みやざと ゆきお

昔の話さあ。
　沖縄に一人の男がいた。名を太郎(タラー)といい、腕のいい
海人(うみんちゅ)だった。

昼過ぎに海へこぎ出しても、夕陽が沈む頃には、舟のなかを魚でいっぱいにして帰ってきた。それを、さばいては瓶のなかに入れ、翌朝早く町へ売りに行った。

　ある朝、太郎がいつものように、さばいた魚を町へ売りに行こうと、瓶のなかをのぞいて驚いた。魚の目玉がなくなっていたからだ。どうしたわけか、どの魚も左目だけが、きれいにくりぬかれていた。
「これじゃあ、売り物にもなるまい。どこのどいつか知らねえが、ひどいことをするもんだ」
　しかたなく、太郎は魚をうらの畑に埋めた。

　しかし次の日も、やっぱり魚の目玉はきれいになくなっていた。
「きっと誰かのいたずらにちがいねえ」
　ある夜、太郎は寝ずに見張りをした。しかし、いつまで待っても何も起こらない。昼間の漁で疲れた太郎は、つい、うとうとと眠りはじめた。

　ピチリ、シャリ、シャリ、シャリ
　ピチリ、シャリ、シャリ、シャリ
　太郎はどこからか聞こえてくる不思議な音で目を覚ましました。目をこらすと、瓶のそばに黒い人影が見えた。そいつは、瓶のなかに手を入れたかと思うと、目玉を取り出し、うまそうにかじりはじめた。
　太郎は恐ろしくて、動くこともできずにいた。
　やがて腹がいっぱいになったのか、体を左右に揺らしながら、森のなかへ入っていった。

　あわてて太郎もあとを追った。
　やがて、一本の古いガジュマルの木の前で立ち止まると、そいつは、とつぜんこちらを振り返った。
　その姿は、子どものようにも見えたが、やけに手が長かった。モジャモジャの赤い髪に、つぶれた鼻。大きな目が月明かりに照らされ、鬼火のように光った。
　そして、見る間に、ガジュマルの木のなかに消えた。

「あいつは、ひょっとしたら……」
　太郎は幼い頃に、おじいから聞いた森に住む小さな妖怪の話を思い出した。
　それはキジムナーと呼ばれ、ガジュマルの古木に住む、森の守り神だという。

「しかし、いくら森の神様でも、こう毎晩、魚をだいなしにされてはたまらん。なんとかしねえと」
太郎は考えたすえに、もう一晩、見張ることにした。

　その日も、夜更けにキジムナーはやってきた。いつものように瓶のなかをのぞくと、特別大きな目玉が見えた。これはたいしたごちそうだとばかり、さっそく瓶のなかに手を入れた。
　しかし、なかなか目玉はとれない。とうとう瓶を抱えて、頭の上で逆さにした。それでも魚は落ちてこなかった。

　そのころ、隠れていた太郎は、しだいに腹ぐあいが悪くなってきた。
「いかん、いかん。ここでオナラをしたら、キジムナーに気づかれてしまう。ガマン、ガマン……ガマン、ガマン……」
　しかし、おなかのなかでオナラはどんどんふくらんでいく。
「も、もうだめじゃあ～」

プッ、プッ、プッ、プッ、プ〜……ブオン
地面が揺れた。
おどろいたキジムナーは、思わず瓶を放り投げた。
スッポンポンと瓶は、キジムナーの頭にはまっちまった。

　しかも、瓶のなかにいたのはタコだ。
　タコは、八本の足で顔をしめつけ、吸盤で張りついた。
　キジムナーは声も出せずに、瓶をかぶったまま走り出した。そして、何度も何度も転びながら、森のなかへ逃げ帰った。

　次の日の朝、ガジュマルの木のそばには、割れた瓶が転がっていた。
　それからは、キジムナーは一度も、太郎のところへは、やってこなかった。
　そんなわけで、キジムナーは、タコと人間のオナラが、きらいになったんだとさ。

> 付録① アイヌ文様の作り方・彫刻（うろこ彫り）の作り方

アイヌ文様の作り方

ラムラム・ノカ
（うろこの形）

モ・レウ・ノカ
（静かに曲がる形）

アイヌ文様について

モ・レウ・ノカ（静かに曲がる形）、ラムラム・ノカ（うろこの形）など、自然をもとにした文様は、単なる装飾文様ではなく、悪い神や病気から身を守るという意味が込められています。

① 2mm～3mm内側に線をひく。

② 図の場所に斜線を左下～右上に向けてひく（彫刻刀と同じ動き）。

③ 用紙全体を←の方向に90°回転させ斜線を重ねる（左下～右上）。

④ さらに左へ90°回転させて ⌒ 部に斜線をひく（左下～右上）。

⑤ さらに左へ90°回転させて、斜線を重ねる。

⑥ うろこ彫りになる部分を左右別々にぬりつぶす。

左側　　右側

彫刻(うろこ彫り)の作り方

1. お盆、コースターなどの木彫用の材料を準備して、スケッチをカーボン紙などで写す。

2.

三角刀で外周を彫る。
内側にかたむけて彫る。

3.

内周を彫る。
外周と角度・深さに変化をつける。

4.

切り出し刀で、うろこ彫りの線を刻む。↗のように左下から右上へ刀に角度をつけて彫る。左手親指で押しながら彫る。

5.

左に90°回転させて。4.で彫った線に重ねて彫る。
90°の角度を意識して、ていねいに彫る。

6.

さらに左に90°回転させて、反対側の模様に線を刻む。
4. 5. の作業をする。

7.

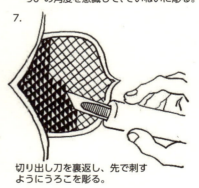

切り出し刀を裏返し、先で刺すようにうろこを彫る。

8. 180°回転させて、反対側を彫る。

付録② かんから三線を作ろう

かんから三線の作り方

I. 完成図

II. 必要な部品
① 空き缶：粉ミルク、コーヒー豆、ビスケットやクッキーなどの缶
(直径15cm～20cm、深さ10cm～15cmくらい)

② 棹（ソー）
←

③ 範（カラクイ）
→

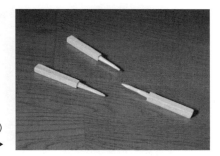

④ 歌口（ウタクチ）

⑤ 糸掛（イトカケ）

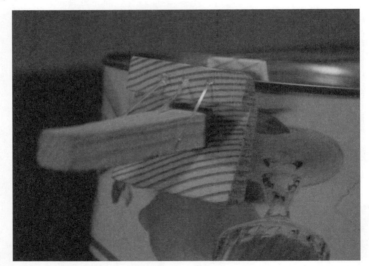

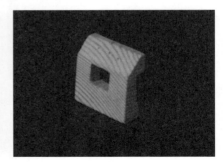

⑥ 駒（ウマ）

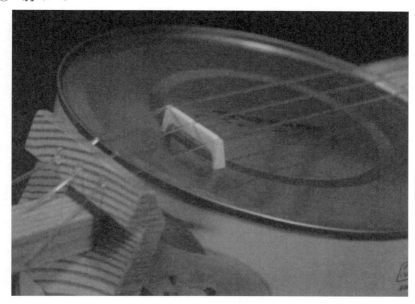

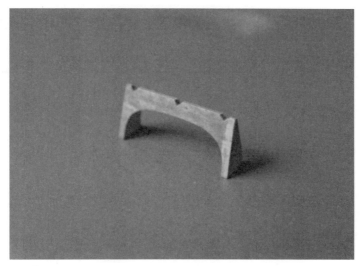

⑦ 絃（チル）：ギターの絃など、太・中・細の３本

Ⅲ. 棹（ソー）を作る

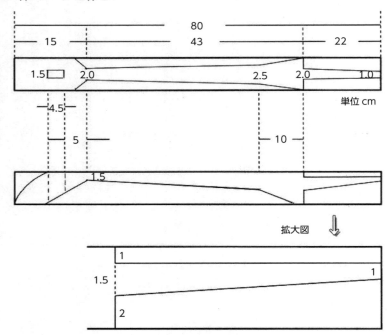

拡大図

Ⅳ. 歌口（ウタクチ）を作る　　Ⅴ. 糸掛（イトカケ）を作る

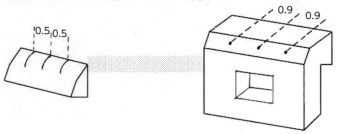

VI. 範（カラクイ）を作る（3本）

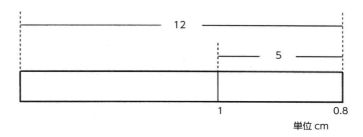

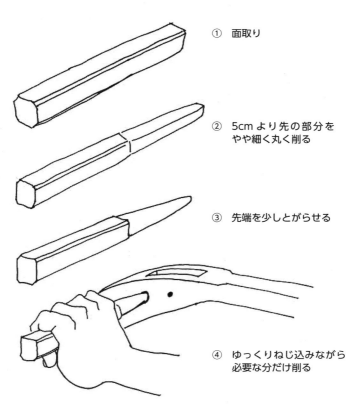

① 面取り

② 5cmより先の部分を
やや細く丸く削る

③ 先端を少しとがらせる

④ ゆっくりねじ込みながら
必要な分だけ削る

上手に作るポイント

① 範（カラクイ）

「少し削っては、棹の穴に差し込む」作業を何回も何回も繰り返して、範がきつい状態で棹の穴に収まるようにする。

② 顔（ツラ）

顔（ツラ）の部分は自由にデザインしてもよい。ただし、範をきつく差し込む関係から、厚みのあるデザインが良い。

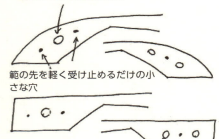

範をしっかり差し込む穴

範の先を軽く受け止めるだけの小さな穴

③ 弦のとりつけ

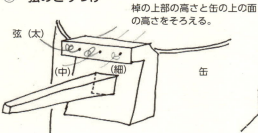

棹の上部の高さと缶の上の面の高さをそろえる。

弦（太）
（中）（細）
缶

◆糸掛に　太・中・細の3種類の弦を上図のように通し、糸掛を棹の先端部に取り付ける。

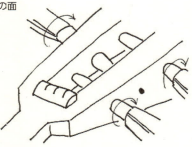

◆範の穴に弦を通し、範を一定の方向〜の方向に回し、弦を取り付ける。

あとがき

　公立中学校の教師という仕事に携わって、いろいろな人に出会い、貴重な体験をすることができました。特に多くの子どもたちとの出会いは、私の人生においてもっとも大きな財産になるものです。これからも互いに年を重ねながらも、なんらかのつながりを大切にできたらいいなと思います。

　教室のなかの在日韓国・朝鮮人の子どもと沖縄の子どもの存在は教師一年目のときから気になりました。そして何か自分にできることはないものかと意識していたと思います。そんな思いが在日外国人教育（国際理解・多文化共生教育）にかかわるなかで、少しずつ実行できました。取り組みに関連するポスターや機関誌に載せるために描いたイラストは、いつの間にか大量な数になりました。そして10年くらい前から、これらのイラストがなんらかの形でまとめられたらいいなあと思うようになりました。

　このたび、解放出版社のご協力のもとで『ひとを結ぶ——国際理解・多文化共生イラスト集』を発行することになり、自分自身の夢が実現し喜んでいます。

　イラストを描くにあたり、北海道二風谷の高野民芸、沖縄石垣島の米子焼き工房のみなさんには快くご協力をいただき、適切なご指導をいただきました。感謝申し上げます。

　本書のイラストは、学校内の授業や研修および関係する集会などでお使いくださってけっこうです。その際は「©miyazato」と明記してください。

　この本が、これからの国際理解・多文化共生教育の取り組みの一助になれば幸いです。

　　2015年8月　　　　　　　　　　　　　　　　　　　　宮里幸雄

宮里幸雄（みやざと ゆきお）

1955年大阪府生まれ。和光大学人文学部芸術学科専攻科修了。大阪府門真市立第七中学校、吹田市立第三中学校、吹田市立第二中学校、島本町立第一中学校、島本町立第二中学校（美術科）教諭を経て2015年3月31日定年退職。在職中、大阪府在日外国人教育研究協議会の研究集会ポスター制作などに携わる。

石神 誠（いしがみ まこと）

1954年生まれ。島本町立第二中学校勤務。日本児童文芸家協会会員。アトリエ・アスラ主宰。著書に『青い珊瑚の伝説』（鳥影社）。

ひとを結ぶ──国際理解・多文化共生イラスト集

2015年11月20日　初版第1刷発行

著　者　宮里幸雄©

発　行　株式会社 解放出版社
　　　　〒552-0001　大阪市港区波除4-1-37　HRCビル3F
　　　　TEL06-6581-8542　FAX06-6581-8552
　　　　東京営業所
　　　　〒101-0051　千代田区神田神保町2-23　アセンド神保町3F
　　　　TEL03-5213-4771　FAX03-3230-1600
　　　　振替00900-4-75417　ホームページ http://kaihou-s.com

印刷・製本　モリモト印刷株式会社

©2015 Yukio Miyazato Printed in Japan
ISBN978-4-7592-2160-2　NDC375 103P 21cm
定価はカバーに表示しております。落丁・乱丁はおとりかえいたします。